# UNE ABBAYE BÉNÉDICTINE

## AUX ENVIRONS DE SALERNE

# LA SAINTE-TRINITÉ DE CAVA

PAR

## GUSTAVE GRUYER

EXTRAIT DU *CORRESPONDANT*

(10 SEPTEMBRE 1880)

PARIS

JULES GERVAIS, LIBRAIRE-ÉDITEUR

29, RUE DE TOURNON, 29

1880

# UNE ABBAYE BÉNÉDICTINE

## AUX ENVIRONS DE SALERNE

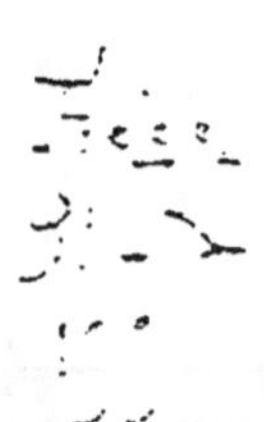

PARIS. — E. DE SOYE ET FILS, IMPR., 5, PL. DU PANTHÉON.

# UNE ABBAYE BÉNÉDICTINE

## AUX ENVIRONS DE SALERNE

# LA SAINTE-TRINITÉ DE CAVA

PAR

## GUSTAVE GRUYER

EXTRAIT DU *CORRESPONDANT*

(10 SEPTEMBRE 1880)

PARIS

JULES GERVAIS, LIBRAIRE-ÉDITEUR

29, RUE DE TOURNON, 29

—

1880

# UNE ABBAYE BÉNÉDICTINE

## AUX ENVIRONS DE SALERNE

## LA SAINTE-TRINITÉ DE CAVA

Paul Guillaume. *Essai historique sur l'Abbaye de Cava, d'après des documents inédits.* Naples 1877. — Demetrio Salazaro. *Studi sui monumenti della Italia meridionale dal IV<sup>e</sup> al XIII<sup>e</sup> secolo.* Napoli 1871. — A. Dantier, *les Monastères bénédictins d'Italie.* Paris 1867.

A une époque où les passions hostiles à l'esprit chrétien s'attaquent avec autant de violence que d'injustice aux institutions monastiques, il n'est pas, ce nous semble, inutile de rappeler, à l'occasion d'un monastère italien, les services qu'elles ont rendus autrefois et ceux qu'elles pourraient rendre encore. L'abbaye de Cava mérite, en tout cas, de n'être pas oubliée par ceux qu'intéressent les nobles souvenirs du passé, par ceux qui gardent la passion des vieux parchemins et des beaux livres, par ceux, enfin, qui ne sont point insensibles aux créations de l'art. Le gouvernement italien lui-même en a jugé ainsi, car, s'il a compris cette abbaye dans l'inique mesure qui les frappait toutes quand il supprima les corporations religieuses (1866), il a voulu du moins assurer la conservation du monastère et de ses trésors en lui donnant le titre de monument national, et en préposant à sa garde quelques-uns des moines qui l'avaient illustré par leurs travaux.

Dans ses *Monastères bénédictins d'Italie,* M. Dantier a esquissé l'histoire de l'abbaye de la Sainte-Trinité. Mais pour connaître à fond cette histoire, il faut lire le livre attachant où M. Paul Guillaume a mis à profit, avec une rare sagacité, les nombreux et substantiels documents du monastère [1]. Quant à la plupart des œuvres d'art qui sont éparses dans le couvent, M. Demetrio Salazaro, auteur

[1] M. Guillaume est Français. Il est professeur d'histoire au collège que les Bénédictins de Cava ont fondé dans leur abbaye en 1866.

d'un ouvrage consacré à l'examen des richesses que l'Italie méridionale doit au moyen âge, leur a fait l'honneur d'une étude spéciale.

En prenant pour guides, outre nos souvenirs personnels, les travaux que nous venons de mentionner, nous voudrions retracer ce que fut l'abbaye de Cava dans l'histoire, ce qu'elle a été et ce qu'elle est encore pour la culture intellectuelle, ce qu'elle renferme d'œuvres d'art exécutées au moyen âge et à l'époque de la renaissance, sans omettre d'indiquer l'attraction que, à différents points de vue, elle a toujours exercée.

I

Le monastère de la Sainte-Trinité, que nous avons visité il y a quelques années en revenant de Salerne, est situé, non loin de la ville de Cava, dans les montagnes, au pied du *monte Finestra*, ainsi nommé à cause de l'ouverture en forme de fenêtre que l'on aperçoit entre ses deux cimes les plus élevées. Il est construit auprès d'un grand ravin, dans lequel un ruisseau, le Selano, se répand en cascatelles. Autour de l'abbaye se trouvent plusieurs autres ravins très-pittoresques, dont les parois ont de la grandeur sans sévérité : à l'époque de notre visite, les bouquets d'arbres, les champs de blé, les cerisiers et les abricotiers, blancs et roses de fleurs, paraient les diverses assises de ces gracieuses cavées. Quant aux montagnes du voisinage, leurs versants sont couverts de bois : la sève printanière rougissait l'extrémité des branches, et les feuilles commençaient à se montrer çà et là.

Plus que tous les autres monastères de l'Italie, l'abbaye de Cava est digne de la vénération des Français. C'est en France, c'est à Cluny, que se formèrent à la vie religieuse saint Alfère, son fondateur, et saint Pierre Pappacarbon, son troisième abbé, le plus célèbre de tous. C'est la règle de Cluny qui servit de base aux constitutions de Cava, et les rapports entre les deux abbayes ne cessèrent jamais d'être aussi intimes que fréquents. En 1078, Odon de Châtillon, le futur Urbain II, se trouvant à Rome où Grégoire VII l'avait appelé afin de poursuivre avec son appui la lutte engagée contre Henri IV, se rend à Cava pour y voir Pierre Pappacarbon, qui avait été son maître à Cluny, et y séjourne quelque temps. Dans la charmante et paisible retraite qu'abrite le monte Finestra, le maître et l'élève s'abandonnent à la douceur de leurs souvenirs et se lient d'une amitié que l'avenir devait encore accroître. Deux siècles plus tard, en 1274, quand l'abbé Léon II se rend au concile de Lyon, convoqué par le pape Grégoire X qui désirait ardemment améliorer la triste condition des chrétiens de la Palestine, il est reçu avec la plus vive tendresse par les Bénédictins de Cluny ; et ceux-ci lui font promettre de s'arrêter, partout où il passera, dans les maisons de leur ordre. A la suite de ce voyage, Léon II institue à Cava le culte de saint Germain d'Auxerre et construit une chapelle en l'honneur du même saint. Notons aussi que les religieux de Cava se montrèrent favorables aux Normands, dont la domination dans le sud de l'Italie dura cent dix-sept ans (1077-1194), qu'ils prirent parti pour les Angevins contre les Aragonais à la fin du treizième siècle et au commencement du quatorzième, que tous leurs vœux étaient pour les Français, aux dépens des Espagnols, dans les luttes qui remplirent le seizième siècle.

Fondée en 1011 auprès d'une grotte (*cava*) où saint Alfère avait vécu seul pendant quelque temps et à laquelle elle doit son nom, l'abbaye fut placée sous l'invocation de la Sainte-Trinité. Elle devint promptement célèbre et dut la rapide extension de sa prospérité à la sainteté de ses abbés. Le premier d'entre eux fut canonisé par son propre disciple, le pape Victor III. Ses successeurs immédiats, Léon de Lucques, Pierre Pappacarbon et Constable Gentilcore, furent, aussitôt après leur mort, l'objet d'un culte fervent de la part des populations voisines comme de la part des religieux. Leurs noms figurèrent sur les calendriers ; des offices furent composés en leur honneur, et les peintres les représentèrent avec des nimbes. Chaque année, on célébrait leur fête au jour anniversaire de leur mort. Mais ce fut seulement en 1589 que l'abbé Manso obtint la ratification officielle de leur culte. Quant aux sept abbés suivants (1124-1255), ils reçurent le titre de bienheureux, titre qui fut accordé aussi à l'abbé Léon II (1268-1295). Grâce à cette succession d'hommes remarquables par les qualités de l'esprit non moins que par celles de l'âme, l'abbaye fit des recrues dans tous les rangs de la société, compta de nombreux bienfaiteurs parmi les princes et les seigneurs lombards, normands, allemands et angevins, se concilia la faveur des gouvernements séculiers aussi bien que celle du Saint-Siège. Ce fut l'âge d'or du monastère. En lisant, d'après la chronique écrite par Hugues de Venouse vers 1140, le récit de M. Guillaume, on se sent vivre au milieu d'une atmosphère bienfaisante. Tandis que dans les pays d'alentour les forts oppriment partout les faibles, tandis que les dynasties se renversent l'une l'autre, l'abbaye de Cava est un asile respecté de tous et il y règne une paix austère. La prière et l'étude y font oublier les maux de la vie présente. Le chevalier normand y tend la main au chef lombard dépossédé ; vainqueurs et vaincus y cherchent l'avant-goût du souverain bien.

A la grandeur spirituelle de l'abbaye correspondit bientôt la grandeur temporelle. Tant que la ferveur et l'amour de la discipline régnèrent chez les religieux, les donations affluèrent. Guaimar III, Guaimar IV et Gisulfe II, princes lombards de Salerne, puis Robert Guiscard, le duc Roger et Guillaume le Bon rivalisèrent de générosité. A l'exemple des souverains, les principaux personnages de la cour soumirent au couvent de la Sainte-Trinité des monastères, des églises et des terres. C'était à qui lui donnerait des vignes, des forêts, des montagnes, des châteaux, des villages, de vastes régions. « Au treizième siècle, dit M. Guillaume, l'abbé de Cava gouvernait au delà de trois cent quarante églises, plus de quatre-vingt-dix prieurés et au moins vingt-neuf abbayes; » dans la vallée même de Cava, il possédait des villages « aussi nombreux que les jours de l'année » et une population de vingt mille habitants adonnée à l'agriculture, à l'industrie, au commerce. Sur ce territoire, on fabriquait du papier, des vases d'argile, de la toile, des étoffes de soie, des tapisseries, des brocarts, des damas renommés. Le bois et le tabac étaient également l'objet de nombreuses transactions.

Le grand abbé de Cava, ainsi nommé afin qu'on ne le confondît pas avec les abbés soumis à son autorité, était donc un puissant seigneur territorial. Le duc Roger lui avait formellement reconnu le droit de rendre la justice, sauf dans les causes qui pouvaient entraîner la peine de mort, et il lui avait donné la faculté de créer des juges et des notaires publics. Guillaume le Mauvais lui permit, en outre, d'appeler ses vassaux sous les armes. Dans ses possessions éloignées, l'abbé se faisait représenter par des gouverneurs et par des justiciers, le plus souvent laïques, ainsi que par des vicaires spirituels. Quant aux magistrats immédiats de l'abbaye, ils siégeaient dans le *Corpo di Cava*.

Le *Corpo di Cava*, situé au milieu des bois sur une hauteur qui domine le monastère, attire encore par sa physionomie pittoresque les regards du voyageur. C'est un village de quatre cents à cinq cents âmes. Certaines parties bien conservées de sa haute enceinte, plusieurs tours en ruine et une porte délabrée forment avec la nature environnante d'heureuses associations de lignes et de couleurs. A l'endroit qu'occupe le *Corpo di Cava*, saint Alfère avait construit pour les pauvres et les pèlerins une hôtellerie que saint Pierre Pappacarbon agrandit et non loin de laquelle il éleva, vers 1081, un hospice pour les indigents. Autour de ces édifices s'établirent les employés du monastère et les familles que soutenait la libéralité des religieux. En peu de temps, il y eut une telle agglomération de maisons, que l'abbé crut devoir donner à leurs habitants une église particulière. Pierre Pappacarbon pourvut ensuite à la sécurité du nouveau village au moyen de fortes murailles, garnies de huit tours, qui protégèrent souvent aussi le monastère. Ce village reçut plus tard le nom de *Corpo di Cava*, parce que le corps des magistrats, les juges, les notaires, les administrateurs des dépendances de l'abbaye y avaient leur résidence. L'an 1265, il fut envahi par les troupes de Manfred qui s'y installèrent et qui, lorsqu'elles s'éloignèrent après la mort du prince à la bataille de Bénévent, en abattirent les murailles. Vers 1390, le roi Ladislas, que l'abbé Ligorius de Majorinis, conformément aux instances du pape Boniface IX, avait soutenu dans sa lutte contre Louis II d'Anjou, fit ériger de nouvelles fortifications ; mais la bienveillance que Ladislas témoigna au monastère ne fut pas de longue durée. Ayant obtenu que le pape Grégoire XII, qui s'en prétendait le suzerain, lui cédât, pour se libérer d'une dette considérable, la plus grande partie des biens appartenant aux églises et aux communautés religieuses du royaume de Naples, il s'empara des possessions du couvent de la Sainte-Trinité dans la vallée Métellienne. Ses soldats se fixèrent au *Corpo di Cava*, et l'abbé François de Formilis fut contraint de leur fournir chaque mois 11 onces d'or (1410). En 1513, le *Corpo di Cava* cessa d'appartenir à l'abbaye et dépendit dès lors de la ville de Cava, tandis que son église devenait, par décision de Léon X, la cathédrale de cette ville. Ses murailles furent réparées pour la dernière fois en 1528, alors que les habitants de la cité de Cava, ayant chassé de Salerne le seigneur de Vaudemont, commandant des troupes de la ligue formée contre Charles-Quint par le Saint-Siège, la France, Venise et Gênes, redoutaient la vengeance de François Iᵉʳ.

Comblée de faveurs presque sans interruption par les souverains de l'Italie méridionale qui se proclamèrent hautement ses soutiens, l'abbaye le fut aussi par un grand nombre de papes. Quoique fille de l'abbaye de Cluny, elle en était indépendante et formait une congrégation bénédictine à part, que constitua définitivement une bulle de Grégoire VII. Après Grégoire VII, il faut nommer Urbain II parmi les papes les plus dévoués à l'abbaye de Cava. C'est lui qui donna aux abbés de ce monastère le droit de porter la mitre. En 1089, au concile de Melfi, il s'aperçut que Pierre Pappacarbon siégeait la tête découverte, bien que celui-ci eût été quelque temps évêque de Policastro ; aussitôt il lui envoya sa propre mitre, en disant : « Il n'est point juste que l'élève reste couvert en présence de la tête nue et des cheveux blancs de son maître[1]. » Dès lors les abbés de Cava ne cessèrent plus de porter la mitre. C'est également Urbain II qui les autorisa à porter en officiant les autres insignes épiscopaux (crosse,

---

[1] On se rappelle que Pappacarbon fut maître des novices à Cluny, et qu'il eut alors sous sa direction Odon de Châtillon (Urbain II).

anneau, sandales, gants, tunique, dalmatique), et qui leur octroya presque tous les pouvoirs des évêques.

Quel usage les religieux de Cava firent-ils de leur autorité, de leur puissance si rapidement fondée? Ils s'en servirent avant tout pour encourager autour d'eux la pratique réelle de l'Évangile. Ils s'en servirent aussi pour adoucir la rudesse des mœurs, pour adresser aux princes et aux seigneurs des conseils de clémence, pour prendre en mains la défense des opprimés : et il est juste de dire que les puissants d'alors, malgré leur ténacité ordinaire, malgré l'habitude du despotisme obéi, s'inclinaient souvent devant eux.

La faveur des grands n'empêcha pas les abbés de Cava de penser aux petits. Léon de Lucques, à l'insu de tous, allait souvent ramasser du bois sur la montagne voisine, le portait lui-même à Salerne et, après l'avoir vendu, en employait le prix à acheter du pain qu'il distribuait aux pauvres. Quant à Pierre Pappacarbon, dit Hugues de Venouse, « il fournissait de vivres et de vêtements un nombre considérable de malheureux : et cela avec tant d'amour et de zèle, que, pour les trouver, il parcourait en personne les villes du voisinage. » Les richesses n'affluaient entre ses mains que pour passer dans celles des infirmes et des indigents. Plusieurs religieux, sous le nom d'*elemosynarii*, étaient d'ailleurs chargés de chercher à domicile les nécessiteux et les malades, et de leur distribuer de l'argent, des vivres, des vêtements et des médicaments. Enfin, tout près du monastère, deux hospices recevaient gratuitement les malades sans ressources ainsi que les pèlerins et les étrangers.

Durant les premiers siècles de son existence, l'abbaye de la Sainte-Trinité, universellement vénérée, fut la pépinière d'une foule d'autres abbayes, ce qui faisait dire que « partout on trouvait des religieux de Cava, comme partout on trouve des passereaux. » Les Amalfitains lui demandèrent quelques-uns de ses enfants pour diriger le monastère de Sainte-Marie de la Latine et l'hospice des pèlerins qu'ils avaient fondés en Palestine, dans le voisinage du Saint-Sépulcre. En armant les frères de l'hospice, le second abbé de ce monastère prépara l'institution des hospitaliers de Saint-Jean de Jérusalem, plus célèbres encore sous le nom de Chevaliers de Rhodes ou Chevaliers de Malte. C'est également à l'abbaye de Cava que s'adressa, en 1176, Guillaume le Bon, lorsqu'il eut fait construire en Sicile le monastère de Montréal. Il envoya, avec une lettre et des présents, les principaux personnages de sa cour vers l'abbé Benincasa, le priant de regarder la nouvelle abbaye comme une des maisons soumises à la congrégation de Cava et d'y envoyer une colonie de moines. L'abbé désigna cent religieux qui partirent en même temps que les ambassadeurs et montèrent sur la galère royale. Quand les religieux abordèrent à Palerme, Guillaume le Bon, qui les attendait, les embrassa l'un après l'autre et les conduisit lui-même à Montréal, où il les installa.

Dans ses rapports avec ses lointaines succursales, l'abbaye de Cava, voisine du port de Vietri que lui avait donné en 1086 le duc Roger, un des fils de Robert Guiscard, se servait d'un navire qui lui appartenait. C'est Pierre Pappacarbon qui le fit construire, après qu'il eut envoyé plusieurs de ses religieux au couvent et à l'hospice de Sainte-Marie de la Latine. Ce navire fut mis aussi à la disposition des pèlerins qui se rendaient en Palestine pour y visiter les lieux saints; mais il fut employé surtout à exporter en Afrique et en Orient les produits des possessions de l'abbaye. Au retour, il rapportait de l'encens, des parfums, des pierres fines pour les mosaïques, des tissus de lin et ces étoffes de soie qui recouvrent les parchemins et les diplômes de l'époque. Les religieux qui présidaient aux pérégrinations du navire eurent plus d'une fois le bonheur de ramener des chrétiens qu'ils avaient arrachés à l'esclavage, en versant de fortes sommes entre les mains des infidèles. Le navire du monastère rendit donc de vrais services à l'humanité comme au commerce. Vers le milieu du quatorzième siècle, les Bénédictins de Cava, pour faciliter leurs navigations, firent une carte, intéressante encore à consulter, où l'on voit le dessin d'une aiguille aimantée.

La fondation de Castellabate compte aussi parmi les entreprises les plus glorieuses qu'ait réalisées le monastère de Cava. Elle est due à l'abbé Constable Gentilcore. Voyant infestées sans cesse par les Sarrasins les fertiles régions de la Lucanie, où l'abbaye possédait quantité de monastères, de bourgs et de ports, Constable eut la pensée d'édifier un château fort qui pût au besoin servir d'asile aux populations de la côte. Ce château, destiné à dominer la terre et la mer, fut construit près du promontoire de Licosa, sur le monte Gulia (1123), et reçut le nom de *Castellum Abbatis*. En peu de temps, il devint le centre d'une ville très peuplée. Par sa situation avantageuse, Castellabate excita souvent les convoitises de tous ceux qui se disputèrent le sud de l'Italie. Pendant quarante ans, à partir de 1286, cette ville fut tour à tour occupée par les Aragonais et par les Angevins. L'abbaye la recouvra en 1333, la perdit encore en 1343, et ne l'eut de nouveau sous sa domination, en 1349, que pour la voir passer avec ses nombreuses dépendances entre les mains de Ladislas et en être alors à tout jamais dépouillée (1410).

Si les possessions du monastère étaient souvent en butte aux attaques d'ambitieux voisins, le monastère, grâce à sa position retirée au milieu des montagnes, grâce surtout à la vénération dont il jouissait, demeura presque toujours à l'abri des agressions. Cétait comme un terrain neutre, respecté de tous les partis. C'était aussi un asile où, pendant que la guerre désolait les contrées voisines, chacun mettait en sûreté ses titres de propriété, ses papiers de famille, ses trésors de toute sorte. Combien de diplômes et de parchemins ont été déposés à l'abbaye de Cava par les princes et par les seigneurs lombards ou normands et y sollicitent encore la curiosité de l'historien! En 1249, lorsque Frédéric II, exaspéré par les censures du pape, entreprit de se venger sur les villes favorables au Saint-Siège, les habitants de Bénévent confièrent à l'abbé Léonard ce qu'ils avaient de plus précieux, notamment le corps de saint Barthélemy. Après la tourmente, une partie de la tête du saint fut donnée par reconnaissance au monastère, qui fit exécuter pour elle un beau reliquaire en argent.

L'abbaye de Cava, en général épargnée par tous, eut cependant aussi ses moments d'épreuve. En 1353, elle fut « envahie et saccagée par les malandrins et rivaux qui guerroyaient dans le royaume de Naples. » Quatre ans plus tard, le condottiere Nicolas de Vulturo de Rocca Cilento s'emparait de l'illustre abbé Maynérius, qui ne recouvrait sa liberté, après quinze mois de captivité, qu'en consentant à maintes donations, à maintes concessions. En les annulant ensuite presque toutes devant le juge et le notaire comme extorquées par la violence, peut-être Maynérius provoqua-t-il la nouvelle et plus terrible invasion de l'abbaye qui eut lieu en 1364. Les envahisseurs mirent le feu au monastère après l'avoir pillé et s'éloignèrent en emmenant captifs non seulement Maynérius, mais bon nombre de religieux. Cependant, si les hommes de cette époque s'abandonnaient sans scrupule à la violence, ils étaient du moins accessibles au repentir : à l'heure des forfaits succédait souvent l'heure de la réparation. Vers 1374, Nicolas de Vulturo finit par prendre à Cava l'habit de saint Benoît et donna tous ses biens à l'abbaye.

Ces conversions étaient dues à l'ascendant moral qu'exerçaient par l'austérité de leur vie les religieux de Cava. La stricte discipline qu'ils observaient, la fermeté mêlée de douceur dont les abbés faisaient preuve en toute circonstance, valurent aussi au monastère l'honneur d'être, pendant le douzième et le treizième siècle, le pénitencier apostolique. Pascal II y relégua l'antipape Théodoric (Silvestre III) qui, touché par les ardentes exhortations de Pierre Pappacarbon, y reconnut ses erreurs, y prit l'habit bénédictin et y mourut en 1102 « dans la paix du Seigneur », comme l'indiquent les mots gravés sur sa tombe, que l'on voit encore dans la crypte. Deux autres antipapes, Maurice Bourdin (Grégoire VIII) et Lando Sitino de la famille des Frangipani (Innocent III), furent aussi enfermés à Cava par Calixte II (1121-1122) et par Alexandre III (1180). Plusieurs patarins y furent également envoyés en 1231. « Nul doute, dit M. Guillaume, que l'abbé Balsamus, si bon pour ses moines et pour ses vassaux, n'ait su trouver pour eux dans son cœur des paroles d'amour et ne les ait paternellement traités. »

Dès la fin du treizième siècle, la prospérité temporelle de l'abbaye subit une notable diminution. Quand la Sicile passa aux Aragonais (1282), le monastère de Cava perdit presque tous les domaines qu'il possédait dans cette île. Au quatorzième siècle et surtout au commencement du quinzième, sa puissance territoriale sur le continent fut aussi sensiblement amoindrie. Ladislas lui arracha tout le Cilento, ou peu s'en faut. Néanmoins ses richesses étaient encore considérables.

Ce qui importait davantage, c'était la ferveur de la vie monastique et la simplicité des mœurs. Sous ce rapport, il y eut une époque de décadence, heureusement suivie d'une régénération qui ne devait plus s'arrêter. Peu à peu les abbés s'habituèrent au faste, lorsqu'ils devinrent grands dignitaires à la cour des princes angevins. Les causes du mal s'accrurent notablement après que Boniface IX eut érigé l'abbaye en évêché et l'église de l'abbaye en cathédrale (1394). M. Guillaume, qui a donné sur cette période peu connue des renseignements puisés à des sources toutes nouvelles, a raison de dire que si le diocèse abbatial de la Sainte-Trinité avait un évêque, le monastère de Cava était sans abbé. Un des usages de l'époque, celui de la commende, aggrava encore la situation. Eugène IV ayant créé cardinal l'abbé Angelot de Fuscis, celui-ci, appelé ailleurs par ses nouvelles fonctions, ne voulut point renoncer à son abbaye et la retint en commende. Le système des abbés commendataires ruina la discipline et perdit la congrégation de Cava. Comment eût-il pu en être autrement? L'abbé était un étranger pour l'abbaye. Il se faisait représenter par des mandataires négligents ou même infidèles, qui souvent ne songeaient qu'à leurs propres intérêts. « *Il governo di costoro*, s'écrie le P. Tosti, *non fù altro che pianto*. » En même temps, les subalternes se livraient au gaspillage. L'abbé entretenait d'ailleurs à Cava des chambellans, des camériers, des familiers, des écuyers, des bouteillers, des valets, des demi-valets, des muletiers, des maréchaux, des cuisiniers qui, on se l'imagine aisément, ne contribuaient pas au maintien de l'ordre spirituel. En vain les abbés titulaires étaient-ils des hommes distingués, tels que Lodovico Scarampa [1], Jean d'Aragon et Oliviero Carafa : par leur seule absence, ils perpétuaient et multipliaient les abus. L'historien Notargiacomo nous apprend que la règle de saint Benoît était tombée en désuétude, que certains reli-

---

[1] Voyez Dantier, I, 341.

gieux menaient une vie dissolue, que l'ignorance était générale, qu'il y eut même plusieurs prieurs ne sachant ni lire ni écrire et signant leur nom avec une croix.

Ce fut l'excès du mal qui provoqua le retour au bien. Le cardinal Oliviero Carafa, ce zélé partisan des réformes de Savonarole [1], entreprit à son tour et vers la même époque de réformer l'abbaye de Cava dont il était abbé commendataire. Il y fit d'abord envoyer, en 1494, sous la conduite de dom Bessarion de Chypre, quinze religieux demandés à un monastère dépendant de la fervente congrégation bénédictine de Sainte-Justine de Padoue, fondée en 1408 par dom Louis Barbo. La plupart des moines de Cava furent dispersés dans plusieurs maisons de l'ordre, et la règle de saint Benoît fut rigoureusement appliquée dans l'ancien couvent de saint Alfère. En peu de temps, l'abbaye redevint l'objet de la vénération publique. Afin de rendre durables ces heureux résultats, Carafa se décida à prendre la seule mesure qui fût réellement efficace. Il remit la commende entre les mains d'Alexandre VI, à la condition que son abbaye fût réunie à la congrégation de Sainte-Justine de Padoue, et que la dignité épiscopale fût abolie à Cava après sa mort (10 avril 1497).

Conformément à la volonté de l'éminent cardinal, les abbés de Cava cessèrent donc d'être évêques, tout en conservant la juridiction épiscopale, telle qu'elle existait avant 1394, sur un diocèse assez étendu. Au lieu d'être nommés à vie par les religieux, ils furent élus dès lors, pour un laps de temps qui varia entre deux et six ans, par le chapitre général de la congrégation de Sainte-Justine [2] et quelquefois par le pape.

Il n'y avait pas longtemps que l'abbaye de Cava n'était plus le chef-lieu d'une grande congrégation bénédictine indépendante, quand elle perdit une partie de son diocèse. Pour satisfaire les habitants de la ville de Cava, l'abbé Chrysostome de Alessandro, en 1513, consentit à l'institution d'un évêché dans cette ville. En outre, il assura au nouvel évêque un revenu de 1400 ducats, libéralité excessive qui força le monastère de vendre à vil prix, entre autres propriétés importantes, le port de Vietri. Léon X ratifia ces décisions funestes (1513). A côté du diocèse appartenant à la Trinité de Cava, il y eut le diocèse de la ville de Cava dei Tirreni ; le chef-lieu du premier se trouvait enclavé dans le second ; des démêlés faciles à prévoir éclatèrent à plusieurs reprises durant le cours des siècles suivants.

---

[1] Voyez P. Villari, *Jérôme Savonarole et son temps*.

[2] En 1504, cette congrégation devint la congrégation cassinienne.

Néanmoins l'abbaye vit encore de beaux jours. La sainteté y était revenue avec l'application de la règle écrite par saint Benoît. Les arts y étaient en honneur. On y cultivait, comme nous le verrons bientôt, la théologie, la philosophie, les lettres et l'histoire avec la patience et l'intelligence qui ont de tout temps caractérisé les Bénédictins. Les pauvres n'étaient pas non plus oubliés. On leur prodiguait les aumônes. Au milieu du dix-septième siècle, dom Benoît Zitello réalisa la perfection monastique : « Dans son zèle pour le salut des âmes, il parvint, au détriment de ses propres vêtements, à faire imprimer divers ouvrages de piété qu'il distribuait gratuitement. » On le regardait comme un saint. Les habitants de la ville de Cava voulurent assister à ses funérailles : chacun « se disputait l'honneur de toucher ses habits et d'en avoir quelques parcelles ». Un autre religieux, dom Zacharie Capograsso, mourut à trente-cinq ans, pour avoir, malgré l'avis des médecins, assisté un malheureux atteint d'une maladie contagieuse. Au dix-huitième siècle et dans le nôtre, même activité et mêmes vertus. Entre 1840 et 1844, les religieux instituaient même une pharmacie ouverte sans la moindre rétribution aux indigents des villages voisins, et c'est de Cava que sont partis, après y avoir trouvé un asile, les deux moines espagnols, dom Serra et dom Salvado, qui entreprirent les premiers de civiliser les sauvages de l'Australie.

Telle était l'abbaye de Cava, quand survinrent les bouleversements politiques de 1807. Elle fut alors supprimée par Joseph Bonaparte, qui abolit tous les ordres religieux, mais elle continua de subsister à titre d'*Archives du royaume* et comme *dépôt de livres et de manuscrits*. L'abbé Mazzacane, avec vingt-cinq religieux, qui durent, ainsi que lui, renoncer à l'habit monastique, fut chargé de veiller sur ces trésors. L'abbaye avait alors 255 000 francs de revenus. On assigna 17 000 francs par an à Mazzacane et à ses compagnons pour leur entretien et pour la conservation de l'établissement confié à leurs soins ! Quant aux possessions du monastère, elles furent en grande partie vendues ou distribuées aux soldats du nouveau roi de Naples. Tout en s'acquittant de ses fonctions, Mazzacane s'occupa discrètement des affaires du diocèse de la Sainte-Trinité et maintint ses religieux dans l'esprit de leur vocation. Par sa prudence et par l'agrément de son commerce, il se concilia, du reste, la bienveillance de Joseph Bonaparte, de Joachim Murat et du général Charron, préposé à l'administration de la province de Salerne.

Après la restauration des Bourbons à Naples, en 1815, la vie monastique recouvra sa liberté à l'abbaye de Cava. Mazzacane rappela tous les religieux. Les biens qui n'avaient pas encore été aliénés furent restitués au monastère, et une rente de 65 000 francs lui fut accordée comme compensation des propriétés vendues.

L'ère des spoliations, qui semblait s'être à tout jamais fermée, devait malheureusement se rouvrir. Ce triste spectacle nous a été donné en 1866. Comme Joseph Bonaparte, le gouvernement de Victor-Emmanuel a supprimé les corporations religieuses et s'est emparé de leurs biens; comme lui, il a enlevé à l'abbaye le caractère de maison religieuse pour n'y voir qu'un monument national. Mais la somme annuelle de 6000 francs, affectée à l'entretien du monument ainsi qu'aux besoins du surintendant, dom Michel Morcaldi, et des religieux qui lui ont été adjoints en qualité de gardiens, est absolument dérisoire. Nous n'entreprendrons pas de défendre les droits de la propriété et les droits non moins sacrés de la liberté religieuse. Les services rendus par les moines de Cava à la civilisation en général et à l'Italie en particulier auraient dû servir de sauvegarde à l'illustre abbaye. Ils sont de nature à inspirer le respect à tout homme de bonne foi. Nous les avons déjà constatés en partie, mais on en appréciera mieux l'étendue quand on connaîtra ce que les religieux du monastère firent pour la conservation des monuments du passé, pour la culture des lettres, pour la propagation des saines études et pour la science de l'histoire.


## II


Nous avons déjà dit que l'abbaye de la Sainte-Trinité avait souvent servi de dépôt aux titres et aux papiers de famille des souverains lombards et normands, des seigneurs de l'Italie méridionale et parfois même des simples particuliers. Elle les a toujours conservés avec une scrupuleuse vigilance. A ces documents se sont joints les innombrables parchemins qui constatent les donations faites et les privilèges accordés aux religieux, sans compter les bulles des papes et les actes passés entre le monastère et ses tenanciers. Il y a là toute une moisson de renseignements pour l'historien, maints détails curieux sur les mœurs du temps, sur les usages politiques, sur les relations de l'abbaye avec ses vassaux, sur les transactions commerciales, sur l'agriculture, sur l'industrie. Les archives de Cava ont donc une inappréciable valeur. La réputation européenne dont elles jouissent nous dispense, au reste, d'en faire ressortir l'importance.

A côté de ces trésors se sont groupés peu à peu des manuscrits précieux, parmi lesquels on distingue tout spécialement une *Bible* du huitième siècle, donnée, selon M. Guillaume, par le prince lombard Guaimar IV à saint Alfère, en 1035, et le fameux *Code des lois lombardes*, qui fut écrit, vers 1005, aux environs de Bénévent et que le monastère acquit en 1263[1].

L'art de la calligraphie fut, du reste, cultivé avec zèle dans le monastère de Cava et en augmenta les richesses. Sous Léon II (1268-1295), Jean de Capoue se distingua par l'élégance de ses transcriptions en caractères lombards. L'abbé Philippe de Haya, ami et conseiller du roi Robert d'Anjou (1316-1331), puis l'abbé Gutard (1332-1340) encouragèrent aussi le talent de plusieurs copistes émérites. Mais c'est à tort que M. Guillaume fait remonter à la première moitié du quatorzième siècle un manuscrit de l'*Imitation de Jésus-Christ* qui, transporté de Cava à l'abbaye de Saint-Germain des Prés, appartient aujourd'hui à la Bibliothèque nationale de Paris, où il porte le n° 13 599. Il a été induit en erreur par des renseignements inexacts, car il n'a pas vu par ses propres yeux ce manuscrit. L'écriture, italienne sans aucun doute, est assurément du quinzième siècle, et rien ne prouve que le calligraphe ait été un religieux de Cava. Un contemporain a simplement écrit en lettres rouges au verso du feuillet de garde : *Iste libellus est congregationis Cassiniensis.* Le mot « Cassiniensis » remplace un mot gratté. Au bas de la même page, une autre main a écrit cette mention : *Iste liber est sacri monasterii sanctissime Trinitatis Cave*, mention qui a été tracée à la fin du seizième siècle ou au commencement du dix-septième. C'est probablement vers ce temps que le monastère de la Sainte-Trinité aura acquis le manuscrit. Quant à la miniature insignifiante qui se trouve au verso de la première page et qui représente un moine à mi-corps tenant une croix dorée, elle ne se trouve pas dans un ovale encadré d'un rectangle, comme l'indique la description de M. Guillaume, mais à l'intérieur d'une lettre majuscule dont les ornements se perdent parmi des fleurs bleues et violettes, et on ne lit pas autour de la miniature la légende que voici : *Joannes Gersen, abbas S. Steph. vercell. ordinis S. Benedicti. Claruit, an.* 1220. Cette légende, sur laquelle M. Guillaume s'appuie pour attribuer l'*Imitation* à Jean Gersen, abbé bénédictin de Verceil entre 1220 et 1240, n'existe pas et n'a jamais existé. La question relative à l'auteur de l'*Imitation* ne peut donc être résolue par le manuscrit qui appartint jadis à l'abbaye de Cava. Il faut encore s'en tenir aux conclusions qu'a formulées M. Arthur Loth dans la *Revue des questions historiques*, et se résigner à ne pas savoir qui composa l'admirable livre que lisent et relisent sans se lasser les générations chrétiennes.

---

[1] Voyez Dantier, *Monastères bénédictins d'Italie*, II, 271-274, et P. Guillaume, p. 21, 164-166.

Les premiers produits de l'imprimerie ne trouvèrent pas non plus indifférents les religieux de Cava. Leur zèle à se procurer des incunables et des éditions princeps est encore attesté dans leur bibliothèque par plus de six cents volumes en caractères romains et par quatre cents volumes au moins en caractères gothiques. Leur plus ancien livre est un recueil de divers traités dus à saint Augustin et à Gerson (Mayence, 1467).

Tout en s'intéressant avec intelligence aux vieilles chartes et aux vieux diplômes, tout en recherchant sans relâche les œuvres du génie d'autrui, ils ne négligèrent pas de composer eux-mêmes une foule d'ouvrages aussi variés par la forme que par le sujet. La poésie même sollicita la plume de plusieurs abbés. À toutes les époques, surtout aux époques de ferveur religieuse, les lettres furent en honneur à Cava. Le goût des choses de l'esprit s'alliait chez les habitants de l'abbaye à l'amour de la prière et à la pratique de la charité. Leur retraite, environnée de montagnes, à l'abri de tous les bruits du monde, semblait d'ailleurs les inviter à l'étude. Pour méditer et pour écrire, quoi de plus favorable, en effet, que la paix et le silence du cloître, que le voisinage des respectables in-folios, que la vue des hauts rochers, des torrents et des bois, que le spectacle d'une nature à la fois austère et riante où tout contribue à fortifier et à rafraîchir l'imagination ?

Ce n'est pourtant pas à l'abbaye fondée par saint Alfère, c'est à Venouse, dans la patrie d'Horace, dans le lieu où se trouvent les tombeaux de Robert Guiscard, de Guillaume Fier-à-Bras et de plusieurs autres guerriers normands, que furent composées, vers 1140, les *Vies des quatre premiers abbés de Cava*. Mais Hugues, l'auteur de ces attachantes biographies, était un des enfants du monastère de la Sainte-Trinité. Il y avait pris l'habit au temps de Pierre Pappacarbon et fut envoyé à Venouse, sous l'abbé Siméon, pour y diriger une abbaye qui appartenait à la congrégation de Cava. Son nom, ignoré jusqu'ici, est maintenant connu, grâce à M. Guillaume. Les *Vies des quatre premiers abbés de Cava*, écrites en latin, ne nous sont parvenues que par une copie de Jean de Capoue (1295). Le style n'en est dépourvu ni de grâce ni d'élégance, et le ton du récit a une naïveté pleine de charmes qui fait parfois penser aux *Fioretti* de saint François d'Assise.

Deux autres religieux de Cava, deux hommes éminents, dom Alexandre Ridolfi ou Rodulphe et dom Sauveur Marie de Blasi, se sont attachés aussi à faire revivre le passé de leur abbaye.

Rodulphe commença par composer la *Biographie des douze premiers abbés de Cava* (1582), travail qu'il traduisit plus tard en italien avec une admirable pureté de langage. Il préludait ainsi à son

*Histoire du monastère de Cava*, où il a condensé les renseignements que lui offraient les innombrables documents contenus dans les archives de l'abbaye, et où il retrace les événements qui remplissent la période comprise entre la fondation du couvent et l'année 1611, époque à laquelle il fut élevé à la dignité d'abbé. Cette œuvre capitale, écrite en latin, est encore inédite. Mais M. Guillaume doit la publier prochainement, et son manuscrit a déjà été honoré d'une médaille d'or par la Société des langues romanes qui l'a mis hors concours en y constatant « les vastes connaissances de l'historien et du paléographe ». Une pareille publication est un vrai service rendu à tous ceux qu'intéressent les annales des institutions religieuses et celles de l'Italie elle-même. Nous lui souhaitons ici le succès qu'elle mérite.

A la fin du dix-huitième siècle, de Blasi entreprit à son tour de retracer l'histoire de son couvent. Sa *Chronique du monastère de Cava*, inédite aussi, nous conduit jusqu'en 1628. Elle honore infiniment le patient Bénédictin qui en est l'auteur, et dont l'érudition était célèbre dans toute l'Europe. On y trouve une foule de détails intéressants sur les localités voisines de Cava et sur les princes qui régnèrent à Naples.

Malgré la notoriété de Rodulphe et de de Blasi, il serait injuste de passer sous silence la *Brève chronique de Cava*, écrite, pendant la première moitié du dix-septième siècle, par dom Honorius de Totu, publiée en 1644 dans l'*Italia sacra d'Ughelli*, et rééditée en 1721.

Au monastère de Cava se sont formés aussi des religieux qui, comme professeurs, conquirent une renommée dont le retentissement dure encore. Dom Honorius de Totu y professa la philosophie avec un tel éclat, que, de Salerne, de Naples et des autres villes voisines, on accourait entendre ses leçons. Vers la même époque, la réputation de dom Léon Matina étant parvenue jusqu'à Venise, la République obtint de l'abbé de Cava que ce religieux quittât le monastère pour commenter l'écriture sainte à Padoue, dans une chaire créée en son honneur. Peu après, Matina composait le *Ducalis regiæ lararium, sive serenissimæ reipublicæ Venetæ principum omnium icones et elogia*, ouvrage qui lui valut le titre de citoyen de la république de Venise. En 1777, quand une chaire de critique diplomatique eut été instituée à l'université de Naples, on y appela dom Emmanuel Caputo, et c'est dans cette même université que dom Charles Mazzacane développa les principes de Franklin, relatifs à l'électricité. Ses *Lettres sur l'électricité*, publiées en 1789, lui méritèrent les suffrages de l'Académie des sciences de Paris. Ainsi préludait aux fonctions d'abbé ce religieux qui allait bientôt se trouver, vis-à-vis de Joseph Bonaparte, dans une situation si délicate et faire si glorieusement face à une terrible tempête. Lorsque l'abbaye, quelque temps supprimée, eut été rétablie, les divers abbés qui s'y succédèrent mirent un admirable zèle à y fortifier les études. En 1860, au moment même où Victor-Emmanuel recevait des mains de Garibaldi le royaume de Naples, on convia toute la jeunesse des environs à suivre gratuitement les classes du monastère, et plusieurs religieux ouvrirent dans la ville de Cava une école du soir. Cette noble ardeur ne s'arrêta pas devant la suppression des ordres religieux en 1866. Dom Guillaume Sanfelice [1] institua dans le noviciat désert un collège, à la fondation duquel le conseil municipal de la ville, le préfet de Salerne et le ministre de l'instruction publique donnèrent leur approbation. C'est dans ce collège, dont les succès ne se sont jamais démentis, que M. Guillaume, l'auteur de l'*Essai sur Cava*, enseigne l'histoire.

Le goût prononcé des Bénédictins de Cava pour les études de tout genre était, du reste, singulièrement excité par l'abondance des documents qu'ils avaient à leur disposition. Mais, pour se servir sans peine de ces documents, ils n'eurent pas toujours les facilités désirables. Il était nécessaire que les livres, manuscrits ou imprimés, ne fussent pas confondus avec les vieilles chartes et les vieux parchemins, que l'ordre facilitât les recherches, que la bibliothèque se dégageât des archives. C'est l'abbé Manso (1588-1593) qui s'occupa de cet important travail et qui le conduisit à bonne fin. C'est lui qui assigna un local distinct aux ouvrages dont devait se composer la bibliothèque du couvent. En outre, de sages mesures furent prises, « afin de les conserver pour l'éternité ». Le pape Clément VIII, à la prière de dom Manso, défendit sous peine d'excommunication d'en emporter aucun sans la permission de l'abbé et de la plupart des religieux.

Au commencement du dix-septième siècle, les archives de Cava trouvèrent à leur tour un organisateur de premier ordre dans l'humble et docte Augustin Venereo. Celui-ci vint à bout d'un travail que tout autre eût jugé impossible et qui exigeait autant d'érudition que de patience. Après avoir lu plus de quinze mille documents, après avoir écrit en latin au dos de chaque pièce le résumé de ce qu'elle contenait, il classa le tout méthodiquement et composa un index alphabétique qui rend seul possibles les recherches et qui est accompagné d'une préface importante. Si l'on veut se faire une idée des obstacles que Venereo eut à vaincre, on doit se rappeler qu'il avait à déchiffrer des caractères souvent hiéroglyphiques, à interpréter des actes rédigés en langue gothique, sarrasine, grecque, turque,

---

[1] Ce religieux est maintenant archevêque de Naples.

lombarde et normande. Les difficultés semblaient-elles insurmontables, il recourait au jeûne et à la prière, et finissait par en triompher. Sa tâche, d'ailleurs, fut sans cesse entravée par les fonctions qu'on lui imposa sans lasser sa persévérance. On lui confiait de longues et absorbantes missions, tantôt à Tramutola dans les Apennins, tantôt à monte Scaglioso dans la Lucanie, tantôt à Rome. En outre, pendant trente ans, il eut à s'occuper des recettes et des dépenses du monastère. On alla même jusqu'à l'accuser d'avoir détourné des fonds à son profit, accusation qui ne fit que mettre en évidence son intégrité et ses talents d'administrateur. Le caractère du religieux était chez Venereo à la hauteur du savant. Ses contemporains vantent à l'envi sa modestie, son abnégation, sa ferveur, ses mortifications. On lui doit plusieurs ouvrages, tous inédits, où abonde l'érudition et où l'on rencontre, sur le moyen âge, des aperçus pleins d'intérêt.

Venereo a eu jusqu'à nos jours de dignes continuateurs, qui vouèrent aux archives du monastère une tendresse non moins vive et se livrèrent à des travaux non moins importants. Tels furent, entre autres, Camille Massaro, Philippe-Marie de Pace, Sauveur de Blasi, Ignace Rossi. Si l'on veut connaître exactement l'histoire des Grecs, des Lombards et des Normands dans l'Italie méridionale, il faut absolument consulter quelques-uns des écrits de de Blasi.

A notre époque même, *les gardiens du monument de l'ex-abbaye de Cava* ont entrepris de publier, sous la direction de dom Morcaldi, tous les parchemins du monastère. Les souscripteurs n'ont pas fait défaut au *Codex diplomaticus Cavensis*. Les princes et le gouvernement de l'Italie, les principales cités de la péninsule, les hommes les plus connus dans la science, le Musée britannique et les plus célèbres institutions littéraires de l'Europe ont tenu à encourager cette publication si éminemment utile.

Le local où se trouvent aujourd'hui les archives de Cava n'est pas de construction ancienne. C'est à l'abbé Raphaël Pasca (1781-1787) que sont dues la *salle diplomatique* et la *salle des protocoles*. Il les fit décorer de fresques rappelant les peintures que l'on découvrait alors à Pompéi et à Herculanum. En même temps furent exécutées les armoires en noyer qui abritent les documents du monastère : elles sont ornées de gracieuses sculptures, et les tiroirs en noyer sont intérieurement garnis de bois de cyprès, plus inaccessible que tout autre aux insectes et aux vers. Si les salles des archives excitent l'admiration des visiteurs, elles ne sont pourtant pas ce que le monastère leur réserve de plus intéressant. C'est ailleurs qu'il faut chercher les monuments que l'art des bonnes époques a laissés dans l'abbaye de la Sainte-Trinité.

## III

Dans son état actuel, le monastère ne doit son originalité qu'à sa situation, à ses hautes murailles, aux contreforts de ses terrasses, aux caprices du terrain qui ont imposé à l'architecte des constructions irrégulières, des galeries inégales, de pittoresques superpositions d'étages, enfin au *Corpo di Cava* qui le domine. Presque tout, en effet, y porte l'empreinte banale du dix-huitième siècle. A cette époque, l'abbé de Palma, voyant que la plus grande partie de l'abbaye, ébranlée par des tremblements de terre, en 1688, en 1694 et en 1733, menaçait de s'écrouler, jugea les réparations illusoires et en fit rebâtir l'ensemble à nouveau (1756-1762). Rien, pour ainsi dire, ne subsiste donc des édifices que saint Pierre Pappacarbon, à la fin du onzième siècle, avait substitués au modeste couvent de saint Allère, tandis que l'abbé Didier prodiguait les embellissements au Mont-Cassin, tandis que s'élevaient la cathédrale d'Amalfi, l'église de Ravello et la basilique de Saint-Mathieu à Salerne. Sur les substructions de l'ancienne église, une nouvelle église fut édifiée, qui ressemble assez à toutes celles que l'on bâtissait alors. La façade s'appuie à droite contre un rustique clocher qui fut fait, entre 1622 et 1627, sous l'abbé Joseph Vulpicella : les frères convers voulurent, dit-on, contribuer aux frais de ce clocher et se privèrent pour cela des œufs dont se composaient surtout leurs repas.

L'église est précédée d'un atrium, aux angles duquel quatre statues en marbre blanc, dans des niches, représentent saint Matthieu, sainte Félicité, saint Joseph, la sainte Vierge avec l'Enfant Jésus. Ces statues, exécutées au seizième siècle, appartiennent, selon M. Guillaume, à l'école de Santacroce. Elles ne manquent pas de grâce ; le sentiment religieux n'y fait pas défaut, mais y a un peu de mollesse. Trois monuments, dans l'atrium, méritent également d'être observés : ce sont deux sarcophages antiques et le tombeau de la reine Sibylle, sœur du duc de Bourgogne et seconde femme du roi Roger, morte en 1150. Les bas-reliefs du sarcophage placé à droite sont d'un style large et noble. Dans les bas-reliefs de l'autre sarcophage, l'exécution accuse une moins bonne époque. Quant au tombeau de la reine Sibylle, c'est un monument en marbre blanc, sur la face duquel un médaillon contient le buste de la défunte et qui est recouvert d'une riche mosaïque où le porphyre, la serpentine et le jaune antique forment des dessins géométriques. Cette mosaïque décorait autrefois les rampes du petit escalier conduisant à un ambon construit sous l'abbé Marin (1146-1170). Au-dessus du tombeau de Sibylle, on lit sur le mur cette inscription qui indique la vénération de la princesse pour la grotte de saint Alfère et qui rappelle les donations de Roger au monastère de Cava :

> Rex huic dat rupi Rogerius arva Siclorum,
> Dat conjux cineres maesta Sibylla suas.

L'église de la Sainte-Trinité est divisée en trois nefs. Dans chacune des nefs latérales, il y a quatre autels. Une coupole surmonte le chœur. Plusieurs fragments de l'ambon incrusté de mosaïques, auquel le tombeau de la reine Sibylle doit une partie de son ornementation, décorent le devant des autels dédiés à la sainte Vierge, à saint Benoît et au Crucifix. Dans ces mosaïques, ainsi que nous l'avons déjà dit, le vert, le blanc, le rouge et le jaune se combinent harmonieusement; mais le bleu clair et le bleu foncé n'y figurent pas comme dans les ambons de Ravello, où il semble que l'artiste ait voulu introduire les tons enchantés de ce golfe de Salerne qu'il avait à chaque instant sous les yeux.

La nef de droite se termine par la chapelle des Saints-Pères, ainsi nommée parce qu'elle contient les restes des quatre premiers abbés de Cava. Les tombeaux de saint Alfère, de saint Léon de Lucques et de saint Pierre Pappacarbon, ornés de mosaïques florentines que Joseph Rappi exécuta, en 1641, sur l'ordre de l'abbé Lottieri, sont abrités par la partie supérieure de la grotte Arsicia, tandis que le corps de saint Constable repose sous l'autel. Quant à la grotte, on y pénètre par la chapelle des Saints-Pères. C'est là que saint Alfère vécut d'abord quand il eut quitté le monde : c'est cette retraite qu'il transforma en oratoire quand affluèrent autour de lui les hommes qui désiraient le prendre pour guide dans la vie religieuse; c'est ce lieu vénéré qui servit de centre à l'abbaye qu'érigea Pierre Pappacarbon. Celui-ci y fit exécuter des peintures dont il ne reste qu'une faible partie : on y voit saint Michel debout entre deux saints abbés (probablement saint Alfère et saint Léon) et entouré d'anges. Cette fresque est de style byzantin. A travers l'ouverture de l'immense grotte, les yeux se reposent sur des rochers enlacés de lierre et sur l'azur rayonnant du ciel.

En revenant dans la chapelle des Saints-Pères, on rencontre, vis-à-vis des tombeaux de saint Alfère, de saint Léon et de saint Pierre Pappacarbon, le *Trésor de l'église* ou *Reliquaire*, dont les portes, aussi bien que les objets qu'il renferme, sont dignes qu'on les remarque. Ces boiseries sont très délicatement sculptées; elles ont été exécutées en 1541, sous le gouvernement de l'abbé Guevara. On croit devoir en attribuer le dessin à André de Salerne, artiste qui rappelle Raphaël, tant son style est pur et gracieux. A l'intérieur du reliquaire, nous nous bornerons à citer trois pièces, curieuses à la fois comme œuvres d'art et comme souvenirs. Voici d'abord une très-belle croix gothique en filigrane d'or. C'est la croix pastorale que portait le pape Urbain II, lorsqu'à la prière de Pierre Pappacarbon, son ancien maître à Cluny, il consacra l'église récemment achevée (1092). Il en fit présent au monastère avant de le quitter. Auprès de la croix d'Urbain II, figure un demi-buste en argent repoussé, renfermant la tête de sainte Félicité, que le même pape donna à Pappacarbon. À cet intéressant travail du onzième siècle, on ne peut, selon M. Demetrio Salazaro, comparer en Italie que le buste de saint Ambroise, à Milan. Sainte Félicité, à partir de 1092, fut en quelque sorte regardée comme la patronne et la protectrice de l'abbaye : on lui dédia un autel, et, dans les jours de péril, on ne manquait pas d'invoquer son secours. Le troisième objet que nous tenons à signaler dans le Trésor est un petit coffret en ivoire qui, d'après M. Salazaro, appartient au cinquième ou au sixième siècle [1]. Les figures de combattants qui ornent les différentes faces et le couvercle ont de la noblesse et révèlent un art encore épris de la beauté des formes. Les décorations des bordures témoignent d'un goût assez pur et d'une véritable habileté.

Dans le chœur, où s'élevait jadis un beau maître-autel construit sous l'abbé Philippe de Haya (1316-1331) et détruit en 1796 par la chute d'un rocher qui effondra la voûte de l'église, l'entrée du grand orgue offre encore à notre admiration des boiseries analogues à celles qui forment la porte du Trésor. L'orgue lui-même est célèbre. On y compte trois claviers, quatre-vingt-quatre registres et près de six mille tuyaux. Mercadante assista à l'inauguration de cet instrument qui bientôt, sous les doigts de dom Salvado, un des futurs apôtres de l'Australie, attira en foule les auditeurs par la puissance et la douceur de ses sons.

Au bout de la nef latérale de gauche se trouve la sacristie, précédée d'un vestibule. La porte en noyer du vestibule et celle de la sacristie sont aussi remarquables que la porte du Trésor et que celle de l'orgue : elles ont été sculptées à la même époque et par le même artiste. Malgré leur beauté, nous préférons cependant les pilastres de marbre qui les accompagnent. Ces pilastres exquis sont ornés de bas-reliefs très-minces, travail que l'on appelle en italien *stiacciato*. À la base du pilastre de gauche, on voit Jésus-Christ au jardin des Oliviers. La base du pilastre de droite nous montre Jésus assis, les mains liées, les yeux bandés, la tête couronnée d'épines, tandis que trois bourreaux se tiennent autour de lui. Le reste des

---

[1] L'ouvrage de M. Salazaro contient une photographie de ce coffret.

pilastres a pour ornementation des feuillages légers, des épis, des
fleurs et un joli vase où boivent des cigognes. Il n'y a pas moins de
grâce dans les détails des chapiteaux. Ces délicates sculptures ont le
charme propre aux œuvres que créa le commencement du quinzième
siècle. — A l'intérieur de la sacristie, un élégant lavabo se rattache
au seizième siècle, mais fait pressentir la décadence.

C'est au-dessous du chœur que se cache aujourd'hui dans les
ténèbres et dans l'humidité la curieuse chapelle édifiée, vers 1280,
par l'abbé Léon II en l'honneur de saint Germain d'Auxerre. Elle
est contiguë au vieux cimetière lombard. Deux prêtres devaient la
desservir et y célébrer à perpétuité l'office divin pour l'âme des
personnages ensevelis dans ce cimetière. Au quatorzième siècle, on
y exécuta de belles peintures qui rappellent l'école de Giotto, et au
seizième André Sabatini de Salerne[1] y représenta saint Benoît
entouré de moines, ainsi qu'un jugement dernier. On ne peut assez
regretter les détériorations causées par l'humidité aux œuvres du
peintre salernitain, car les fresques de Sabatini sont très-rares. C'est
l'abbé Guevara qui fit appel au talent de cet artiste[2]. — A l'intérêt
que provoquent les fresques de la chapelle dédiée à saint Germain,
s'ajoute celui qu'éveillent les inscriptions tracées sur les murs. En
voici une, merveilleusement appropriée à la destination du lieu et
dont nous donnons la traduction : « O Mort, que fais-tu ? — Ne
le vois-tu pas? Je moissonne. — Que moissonnes-tu ? — La vie
humaine. — Ne ménages-tu personne? — Non. Celui qui m'a
envoyée ici a voulu que je ne l'épargnasse pas lui-même. — Alors,
dis-moi, voilà ce que tu feras aussi de moi? — Insensé ! En doutes-
tu? Tu sais bien que oui. — Donc je ne saurai ni le jour ni l'heure ?
— Non, parce que c'est le secret de Dieu seul. — Qui t'a rendue si
cruelle ? — Mon Seigneur. — Pourquoi ? — Afin de châtier ceux
qui pèchent et de récompenser ceux qui donnent leur cœur à Dieu.
— Pour triompher dans des combats si redoutables, que dois-je
faire ? — Renoncer à tes anciens errements, qui privent et excluent
du bonheur éternel. Maintenant que tu es vivant sur la terre, accepte

---

[1] Né vers 1480, mort en 1530.

[2] D'après les historiens de l'art napolitain, Andrea Sabatini, de Salerne,
fut élève de Raphaël, avec qui il aurait travaillé à Rome ; mais aucune
preuve ne corrobore cette assertion. M. G. Frizzoni, qui, dans l'*Archivio sto-
rico italiano* quarta serie, t. I et II, anno 1878, a récemment consacré à
André de Salerne une étude approfondie, reconnaît bien dans les œuvres de ce
maître l'influence du Sanzio ; toutefois, il incline à croire que Sabatini n'alla
pas à Rome et ne s'assimila la manière de Raphaël que par une étude indi-
recte. Cesare da Sesto aurait contribué à la transformation du talent de
l'artiste salernitain.

les choses telles qu'elles sont et conserve l'espérance, car il n'y a de sage que celui qui pense et qui pense bien. »

La crypte ou ancien cimetière de l'abbaye ne servit pas seulement aux religieux. Urbain II, en 1092, permit que les laïques y fussent ensevelis, pourvu qu'ils fussent catholiques. Bon nombre de seigneurs lombards et normands profitèrent de cette autorisation. L'empressement augmenta encore quand le navire du monastère, en revenant de Palestine, eut apporté de la terre sainte qui fut répandue sur le sol de la crypte. C'est là que reposent, comme nous l'avons indiqué plus haut, les restes de l'antipape Théodoric.

Toute abbaye est pourvue d'un cloître. Celui de Cava, de même que la chapelle de Saint-Germain, remonte à l'époque de l'abbé Léon II, c'est-à-dire à la fin du treizième siècle [1]. Il est situé au-dessus du cimetière. Un énorme rocher surplombe, et fait tombe sur les dalles des gouttes d'eau qui semblent mesurer le temps. Ce cloître est petit, irrégulier, très-pittoresque. Il s'adapte aux différents niveaux du sol et à la forme des rochers voisins. Quarante-six colonnes de diverses grandeurs supportent de longues et étroites arcades. Dans un des angles, ces colonnes sont extrêmement courtes. En général, elles sont accouplées. Les unes sont en granit, les autres en marbre gris ou à veines violettes et en porphyre noir. Plusieurs d'entre elles sont cannelées. Il y a une variété infinie dans l'ornementation des chapiteaux. Les galeries du cloître abritent deux belles vasques, plusieurs sarcophages antiques, pourvus de bas-reliefs, et un intéressant tombeau en marbre blanc. Ce tombeau, soutenu par deux lions et recouvert d'une plaque en mosaïque empruntée à la rampe de l'ambon qu'avait fait construire l'abbé Marin, contient les restes de Costanzo Punzi. Né dans la ville de Cava, Punzi devint conseiller et trésorier de Robert d'Anjou. La faveur du roi ne l'empêcha pas de se rappeler son pays natal, qu'il combla de bienfaits. Aussi, quand il mourut, ses concitoyens portèrent-ils son corps comme en triomphe jusqu'au monastère de la Sainte-Trinité, où il avait souhaité qu'on le déposât. Jadis, les murs du cloître étaient ornés de peintures. Il ne reste de ces peintures que quelques fragments sous l'arcade qui éclaire l'entrée de la chapelle dédiée à saint Germain. « On a cru, dit M. Guillaume, y voir l'empereur Charlemagne, ce qui peut être, et saint Louis, fils de Charles II d'Anjou et évêque de Toulouse, ce qui ne semble guère probable. »

Auprès du cloître, l'ancienne salle capitulaire, avec ses voûtes ogivales d'une grâce austère, a été construite également vers 1280. En 1523, l'abbé dom Julien de Gênes y avait fait exécuter des pein-

---

[1] On en peut voir une photographie dans l'ouvrage de M. Salazaro.

tures. Sous l'abbé Guevara, on y plaça des portes sculptées à jour et des marqueteries qui furent exécutées, dit-on, d'après des dessins d'André de Salerne, et qui servent maintenant de décoration à la nouvelle salle du chapitre. Dans cette dernière salle, on peignit, au dix-septième siècle, par ordre de l'abbé Jules Vecchione, quinze figures symbolisant les ordres religieux ou chevaleresques qui avaient suivi la règle de saint Benoît. On y disposa aussi des boiseries qu'accompagnent des colonnettes corinthiennes.

Chemin faisant, nous avons admiré plusieurs fragments de l'ambon exécuté dans l'ancienne église au temps de l'abbé Marin ; mais nous n'en avons pas encore vu la partie principale. Elle se trouve dans le réfectoire ogival du treizième siècle. Les quatre colonnes torses en marbre blanc et la partie antérieure de l'ambon y ornent la chaire de lecture et forment les portes latérales. On ne voit malheureusement plus dans cette salle les boiseries qu'avait commandées, en 1515, l'abbé de Alessandro ; toutefois, les sentences inscrites sur les murs existent encore. On y lit, notamment, ces lignes empruntées à saint Jean Chrysostome : « *Nihil salutem, nihil sic sensuum acumen operatur, nihil sic ægritudinem fugat, sicut moderata refectio.* »

M. Salazaro signale, en outre, à l'attention du visiteur un vaste local qui servait autrefois de dortoir. Les voûtes et les arcades gothiques sont soutenues par de grosses colonnes en granit d'une physionomie imposante.

Un grand nombre des objets qui ornaient l'ancienne église de l'abbaye forment maintenant un petit musée. Une salle est consacrée aux marbres. Parmi les tableaux de la galerie, le plus beau est celui que l'on attribue à Raphaël, mais qui a été peint par un habile élève, probablement d'après un dessin du maître. Il représente une *Sainte Famille*. Les formes exquises du corps de Jésus, l'expression de chaque figure et l'harmonie de la composition font certainement songer au Sanzio : on reconnaît les types qui lui étaient familiers ; cependant, sa pensée n'apparaît que traduite par une main étrangère. On ne retrouve pas cette exécution parfaite, cette grâce vraiment divine et cette profondeur de regard qui caractérisent les œuvres dues à son pinceau. Dans le voisinage du tableau attribué à Raphaël, les peintures qui attirent surtout l'attention du voyageur sont celles dont, jusqu'à ces derniers temps, on faisait honneur à André de Salerne. Le catalogue en mentionne une quinzaine. Quelques-unes d'entre elles sont très-séduisantes. Mais Sabatini en est-il vraiment l'auteur ? Un juge très-compétent, M. Gustave Frizzoni, que nous avons déjà nommé dans ce travail, se refuse à y voir le style propre à ce maître. Dans la *Vierge sur les nuées*, dans le *Baptême du Christ,* dans les demi-figures de *Saint Grégoire,* de *Saint Benoît,* de *Saint Paul* et de *Saint Pierre,* il reconnaît le pinceau de Cesare da Sesto, qui mit à profit, après les enseignements de Léonard de Vinci, les exemples de Raphaël. Entre les attributions traditionnelles, adoptées par M. Guillaume, et les affirmations de M. Frizzoni, nous ne voulons pas nous prononcer, car nos souvenirs ne sont pas assez récents. Nous nous contentons d'indiquer au lecteur les opinions en présence, afin qu'il juge par lui-même.

Après les œuvres d'art énumérées déjà, il convient de rappeler les miniatures de certains manuscrits de l'abbaye. Voici tout d'abord trois charmants *Offices de la sainte Vierge.* Le plus précieux, selon nous, celui qui porte la date de 1482, renferme dix-neuf peintures exécutées par les élèves de frà Angelico. Dans les deux autres offices de la Vierge, on reconnaît le style de l'école provençale à la fin du quinzième siècle ou au commencement du seizième et le caractère propre à l'école flamande en 1582. Avec le fameux *Code des lois lombardes,* nous remontons au début du onzième siècle : ici, ce n'est pas l'expression du beau qu'il faut chercher; les types sont barbares, les incorrections manifestes ; mais que de précieux renseignements sur les usages, sur les costumes des Lombards ! Jusqu'ici nous n'avons mentionné que des manuscrits exécutés hors du monastère de Cava; ceux qui nous restent à citer furent enrichis de miniatures par les religieux mêmes de la Sainte-Trinité. Dans le *De septem sigillis,* Benoît de Bari apparaît agenouillé devant l'abbé Balsamus (1208-1232), auquel il offre son livre. Afin d'indiquer qu'il avait consacré toute sa vie à la composition de ce livre, il s'est représenté avec deux têtes superposées, avec une tête de jeune homme et une tête de vieillard. Sous l'abbé Philippe de Haya (1316-1331), l'art de la miniature fut cultivé à Cava par un moine appelé Gui ou Guido, qui transcrivit et enlumina une *Bible* où les plus gracieux motifs, traités avec une rare perfection et entremêlés aux armes de la famille de Haya, sont revêtus des plus fraîches couleurs. A la même époque appartiennent les enluminures qui décorent *la Chronique de Hugues de Fleury* (1320), et le *Miroir historique de Vincent de Beauvais.* C'est partout la même profusion d'arabesques, le même soin apporté aux moindres détails. L'abbé Maynérius ne fut pas moins passionné que l'abbé Philippe de Haya pour les beaux manuscrits. Il appela de la Toscane des maîtres fameux, tels que Jacques de Pistoia, Nuncio, Cicco ou François de Sienne, et forma dans l'abbaye de Cava une véritable école de copistes et de miniaturistes (1351-1353). On ne possède malheureusement plus les œuvres que suscita le zèle de dom Maynérius. Elles auront été anéanties par l'éboulement de terre délayée et de rochers qui tomba pendant la nuit de Noël de l'année 1796 sur la bibliothèque et y causa d'épouvantables dégâts. On peut du moins admirer encore les miniatures de seize *livres de chœur*, reliés en cuir, pourvus d'armures en fer et de longs clous en cuivre. A ces miniatures travaillèrent, dit-on, le célèbre Jean Boccardo et son fils François Boccardo, ainsi que dom Raphaël Canigiani, religieux qui, après avoir vécu à Florence, passa ses dernières années dans l'abbaye de Cava. En tout cas, on est en droit de nommer maître Thomas. C'est lui, sans aucun doute, qui enlumina, entre autres livres de chœur, celui qui est marqué de la lettre K. Il a introduit dans de grandes initiales et représenté sur les marges une série de petits tableaux achevés, une foule d'arabesques ingénieuses. M. Guillaume décrit chaque sujet avec complaisance. Il y aurait donc profit à regarder, son livre à la main, les manuscrits à miniatures du monastère de Cava.


## IV


Par ses souvenirs religieux, par ses importantes archives, par sa situation pittoresque, l'abbaye de la Sainte-Trinité a de tout temps attiré les pèlerins, les savants, les amis du beau, les voyageurs passionnés pour la nature.

Autrefois, les populations du voisinage et les habitants d'Amalfi, de Salerne, d'Avellino, de Bénévent, de Naples, de Capoue se pressaient dans le monastère quand on y célébrait les fêtes de la Sainte Trinité, de saint Benoît et des saints Pères ; mais l'affluence était plus grande encore le Jeudi saint, jour où saint Alfère s'éteignit en priant ; et le 5 septembre, jour anniversaire de la consécration de l'église par Urbain II. En visitant l'église à ces diverses époques, on gagnait les mêmes indulgences qu'en allant à Saint-Jacques de Compostelle. Parmi les grands personnages que la piété conduisit à Cava, on peut citer la femme de Robert, empereur de Constantinople, qui s'y rendit en 1352 avec une partie de sa cour, puis la duchesse de Duras. Saint François de Paule, en 1481, y passa quelques jours avant de continuer son voyage vers la France, où l'appelait le roi Louis XI.

Non moins illustres sont les érudits qui séjournèrent à l'abbaye, pour en consulter les archives. Camille Pellegrino y prépara son *Histoire des Lombards* (1642) ; de Meo, ses *Annales diplomatiques du royaume de Naples* ; Gaetano Filangieri, *la Science de la législation* ; Carlo Troya, son *Histoire de l'Italie au moyen âge*. « Les grandes bibliothèques, a dit le cardinal Maury, sont les grandes villes des

gens de lettres. » Comment s'étonner dès lors que l'abbaye de Cava
ait compté tant d'hôtes parmi les écrivains notables de l'Europe ?
Elle était pour eux comme une de ces cités où abondent les monuments et les souvenirs, non pas une cité bruyante, troublée par la
foule, pleine d'indifférents, mais une cité paisible, recueillie, où l'on
était sûr de trouver une réception cordiale, où la bienveillance des
religieux facilitait toutes les recherches, où l'on pouvait se délasser
du travail par la contemplation d'une admirable nature.

C'est précisément à son merveilleux voisinage que l'abbaye a dû
et doit encore la plupart de ses visiteurs. Il en est un que nous ne
voulons pas oublier. C'est le Tasse. Lorsqu'il était encore enfant,
son père le conduisit maintes fois au couvent de la Sainte-Trinité,
et, dans son âge mûr, il aimait à se rappeler les jours qu'il y passa,
les caresses du vieil et bon abbé Peregrino dall'Erre et de dom
Guevara, successeur de Peregrino, « la solitude où se cache le monastère, les rochers à pic qui l'entourent et qui touchent aux
nuages ». En rencontrant à chaque pas les traces d'Urbain II, en
entendant les religieux célébrer le promoteur des croisades, peut-
être commença-t-il dès lors à se passionner pour ces expéditions,
qu'il devait chanter plus tard. Toujours est-il que le Tasse, dans sa
*Jérusalem conquise*, s'est souvenu d'Urbain II, et a décrit la situation
du monastère de Cava. Afin de plaire au jeune Tasse, j'imagine
aussi que les religieux le conduisaient tantôt dans la délicieuse propriété qu'ils possédaient, depuis le bienheureux Pierre II (1201), au
pied du mont San Liberatore, sur les bords du golfe de Salerne [1],
tantôt dans la vallée de la Falanga qu'ils avaient acquise en 1546,
vallée presque inaccessible où le Selano forme de gracieuses cascades
et où s'épanouit la plus fraîche végétation [2], tantôt sur le mont Saint-
Élie, à l'endroit que saint Alfère avait d'abord choisi pour y construire son couvent et que Pierre Pappacarbon sanctifia par ses aus-
térités pendant plusieurs carêmes, tantôt enfin à la fameuse chapelle
de la *Pietra Santa*. C'est dans cette chapelle, du reste très-insi-
gnifiante, que l'on conserve la pierre sur laquelle Urbain II posa le
pied lorsqu'il vint en grande pompe, suivi d'un immense cortège,
consacrer le monastère, en 1092, ne voulant pas, dit-il « parcourir
à cheval un sentier que tant de saints avaient parcouru pieds nus ».
Si la chapelle, reconstruite au dix-septième siècle, est d'un intérêt

---

[1] Les religieux y construisirent une maison où ils allaient passer quelque
temps lorsque leur santé avait besoin de ménagements ou quand l'air de la
mer leur était prescrit. C'est là aussi qu'habitait le grand cellérier, chargé
d'administrer les affaires temporelles de l'abbaye. Cette propriété, connue
sous le nom de *Rettoria di Vietri*, fut vendue en 1807.

[2] Ce lieu s'appelle aujourd'hui le *Fosso dell'arena*.

médiocre, le paysage qu'elle domine est d'une étonnante magnificence. Nous lui avons, quant à nous, payé sans restriction le tribut d'admiration auquel il a droit. Quand on lève les yeux, après les avoir reposés sur la douce verdure des premiers plans, on aperçoit d'innombrables montagnes qui s'enlacent ou qui se dressent les unes au-dessus des autres. Certaines chaînes sont hérissées de pics, de crêtes, de pyramides, de dômes et d'aiguilles. À mesure qu'elles s'éloignent, les cimes, enveloppées d'une atmosphère sereine, deviennent plus bleues. En nous tournant un peu vers la gauche, nous avons remarqué deux versants qui étaient entièrement couverts de neige et que séparait un énorme mamelon vert. Le ciel sans nuages se reflétait sur ces blancs miroirs, où quelques rochers projetaient leur ombre. De ce côté, la vue se perd parmi la multitude des sommets. Presque tous avaient encore leur parure de neige. Dans la direction de Vietri, par une large échappée qu'on dirait ménagée exprès, se montre la mer dont le bleu a quelque chose d'invraisemblable, tant il est intense. Elle nous apparut toute scintillante. On y sentait frémir sous les rayons du soleil cette inquiète et incessante mobilité qui est sa vie, et qui forme un contraste si saisissant avec l'éternelle stabilité des montagnes.

Par tout ce qui précède, on peut juger des titres que l'abbaye de Cava eut jadis et n'a pas cessé d'avoir à la vénération publique. Ce qui la distingue avant tout, c'est la sainteté de ses abbés pendant les premiers siècles de son existence et après sa réunion à la congrégation de Sainte-Justine de Padoue ; ce sont les services qu'elle rendit à la civilisation en faisant servir son crédit à l'adoucissement des mœurs, en favorisant le commerce de ses vassaux, en fondant des villes et des ports. Si elle n'eut pas des destinées aussi éclatantes que l'abbaye du Mont-Cassin, elle en eut du moins de plus paisibles. Protégée par les montagnes qui l'environnent et plus encore par la prudence de ses religieux, il ne lui arriva pas d'être détruite de fond en comble par les bandes armées qui traitèrent sans merci le plus important des monastères bénédictins. Jamais ses abbés ne quittèrent le bâton pastoral pour l'épée. Jamais elle ne prit parti pour les antipapes et ne se départit de sa fidélité aux souverains pontifes légitimes. À côté des vertus monastiques, se développèrent, chez les religieux de la Sainte-Trinité, le goût des lettres, l'habitude de l'enseignement et la passion des études paléographiques. Les travaux entrepris au seizième siècle, au dix-septième et au dix-huitième se poursuivent encore aujourd'hui. À aucune époque, non plus, on n'oublia de faire appel aux arts pour embellir les différentes parties du monastère. Si les principales richesses qu'il possède consistent dans ses chartes, ses diplômes, ses manuscrits et ses éditions rares, les monuments dus aux artistes du moyen âge et de la renaissance y tiennent une place fort honorable. Sans doute on ne remarque aucune œuvre de premier ordre ; mais on ne saurait regarder avec indifférence tant de productions austères ou gracieuses, dans lesquelles le génie italien se montre avec quelques-unes de ses qualités exquises. Enfin, ce qui donne au monastère de Cava une séduction toute particulière, c'est sa situation, c'est le paysage enchanteur qui s'offre de toutes parts aux yeux du voyageur. Il semble que la nature se soit plu à réunir autour de l'abbaye, pour en glorifier le passé et pour en honorer les malheurs, ce qu'elle a de plus sévère et de plus riant, de plus gracieux et de plus grandiose, ses verdoyants ravins, ses rochers à pic, ses sommets neigeux et la mer ! A ceux qui ne connaissent pas l'abbaye de Cava, nous voudrions avoir inspiré le désir de la voir. Chez ceux qui l'ont visitée, nous espérons avoir réveillé de doux souvenirs. Pour les uns comme pour les autres, n'était-il pas opportun de rappeler, à l'occasion d'un excellent livre, l'intérêt qu'elle présente au point de vue de l'histoire, au point de vue des lettres, au point de vue de l'art ?

PARIS. — E. DE SOYE ET FILS, IMPR., 5, PL. DU PANTHÉON.